# GEDANKEN –
# SPLITTER

Irmgard Dietzel

# GEDANKEN –
# SPLITTER

*WORTE – LIEBE – MUT*

**Bibliografische Information der Deutschen Nationalbibliothek:**
Die Deutsche Nationalbibliothek verzeichnet diese Publikation in der
Deutschen Nationalbibliografie;
detaillierte bibliografische Daten sind
im Internet über dnb.dnb.de abrufbar.

© 2020 Irmgard Dietzel

Umschlagdesign, Satz, Herstellung und Verlag:
Bod – Books on Demand, Norderstedt

ISBN: 978-3-7504-8570-9

# INHALTSVERZEICHNIS

# NACHLESE

Sonderbar, dieses mein Tagebuch!
Gedankensplitter nur.
Lapidar Gekritzeltes, Gerafftes.
Weisheiten, Aussagen, Behauptungen.
Sie stehen da und starren mich an.
Was reizte mich an ihnen?
Warum notierte ich sie?
Angst, sie könnten mir abhanden kommen, erstickt vom all-
täglichen Kleinklein?
Jetzt – Zeit der Ernte, zum Nachdenken.
Nachlese!
Sollte es für mich bedeutungsvoll gewesen sein?
Sollte es etwas hinzuzufügen, etwas zu widerlegen geben?
Sollte sich nicht irgendetwas irgendwo eingenistet haben?
Im Herzen? Im Bauch? Im Hirn?
Bilder, Gedanken, Emotionen mit Nestern, in denen sie un-
entwegt brüten, um sich zu mausern und schließlich einmal
Flügel zu bekommen?

Was wird sich da zeigen?
Leblose, fahle, graue Asche nur?
Oder ein noch glühendes Bett, aus dem
grellgelbe, beißende Flammen lodern?
Energiegeladene Partikel, die Denkprozesse in Bewegung
setzen?
Meine Spannung steigt!

Diese sonderbaren Teilchen aber sind
übergreifend, sie hüpfen diffus durch mein
Großhirn, vernetzen sich in alle Richtungen, sodass ich Probleme habe, mit dem Inhalt meiner Notizen klarzukommen.

Ich lese zum Beispiel in einem Kalender folgende Worte eines
ägyptischen Gelehrten:

> Ob ein Mensch klug ist, erkennt
> man an seinen Antworten,
> ob er weise ist, an seinen Fragen.

Stimmt das?
Hat nicht alles zwei, wenn nicht gar mehrere Seiten?

Jeder Mensch bringt ganz spezielle Anlagen mit, die sich aus
Intelligenz, Emotionsbreite und dem sich daraus gefächerten
Blickfeld ergeben.
Demzufolge spiegeln die Aussagen von Sprüchen den Wahrheitsgehalt für einige Menschen wider, während für andere
Fragen offen bleiben.

Den Ausspruch von Kurt Tucholsky
kann ich aber voll unterstreichen:

> Der Vorteil der Klugheit liegt
> darin, dass man sich dumm stellen
> kann. Das Gegenteil ist schon
> schwieriger.

Mit der Erkenntnis, diese Aussagen meiner Zitate, welche
ja lediglich Gedankensplitter sind, hinterfragen zu können,
bekommt der Inhalt meines Büchleins eine völlig neue Bedeutung.

Möge Sie, meine lieben Leser, mein Büchlein zum Nachdenken, zu Aha-Erlebnissen, zum Widerspruch, vor allem aber zum Schmunzeln anregen.
Oder sollten die folgenden Worte von
Franz Kafka (1883-1924) nicht jedem ein Lächeln ins Gesicht zaubern?

Die Liebe ist unproblematisch wie
ein Fahrzeug. Problematisch sind
nur die Lenker,
die Fahrgäste und die Straßen.

# WORTE ÜBER WORTE

Nein, eines wollte ich mit Sicherheit nicht werden!
Lehrerin!
Furcht vor Spontaneität, Unberechenbarkeit der Kinder?
Furcht vor respektlosen, mir überlegenen Schülern? Es kam anders!
Das Schicksal wollte es, dass ich seit meinem 21. Lebensjahr ununterbrochen als Lehrerin gearbeitet habe.
Während meiner Dienstzeit unterrichtete ich die Fächer Chemie / Biologie, für die ich ausgebildet worden war. Nachdem ich 42-jährig durch ein Fernstudium das Diplom für das Fach Englisch erworben hatte, blieb ich diesem bis zum heutigen Tage treu.
Der richtige, angemessene Gebrauch von Worten ist für derartige Berufe von höchster Bedeutung.

Fachbegriffe lernt man während des Studiums.
Doch – was auch sonst noch im Unterricht unbedacht herausprudeln kann, wenn gerade alles nicht so läuft, wie man sich das vorgestellt hatte, das kann zuweilen problematisch werden!

Ein einziges unbedachtes Wort zur falschen Zeit verursacht oftmals ein kaum wiedergutzumachendes Verhältnis zu einem Schüler, zu einer Klasse, zu Kollegen oder Eltern.

Manchmal wirkt ein Wort wie ein Kugelblitz, der uns frontal erwischt und schlagartig alles umkrempelt.
Ja, ein Wort kann in Bruchteilen von Sekunden einen Men-

schen glückselig machen oder in tiefste Dunkelheit und Ver-
zweiflung stürzen.

Derartiges erfuhr ich häufig in meinem eigenen Leben.
Wohl aus dieser Erfahrung heraus begann ich, unterschied-
lichste Formulierungen über Worte
in meinem Tagebuch zu notieren.

### WORTE, VON MIR WAHRGENOMMEN

Häufig gebrauchte Worte
    werden stumpf, langweilig.

Zerredete Worte
    gedeihen zu nichts sagenden
    Phrasen.

Abgestandene Worte
    lernen zuweilen wieder das Reden.

Kuschelige Worte
    vermögen den Körper in weiche,
    wärmende Gewänder zu hüllen.

Fluoreszierende Worte
    erfassen die gesamte
    Persönlichkeit,
    produzieren lauernde, verborgene,

versteckte, aufbegehrende
Gedanken.

Müde Worte,
    gähnend verhaucht nur.

Worte und Gerede
    Im Gegensatz zu Gerede haben
    Worte eine Menschen
    verändernde Wirkung.
    Sie rühren elementar an und
    machen betroffen.

Kraftvolle Worte
    Nicht fromme Erbauung,
    nicht Dekoration,
    sondern Vitalität verströmend.

Worte von Jesus
    Provokativ und mitreißend wie
    die Bergpredigt, die
    Seligpreisungen, die er vom Berg
    herabschmettert.

## WORTE AUS DEM TALMUD

Hauptwerk der jüdischen Glaubenslehre

Achte auf deine Gedanken,
     denn sie werden Worte!
Achte auf deine Worte,
     denn sie werden Handlungen!
Achte auf deine Handlungen,
     denn sie werden Gewohnheiten,
     die deinen Charakter formen!


## WORTE DES WEISEN SALOMO, AUS DER BIBEL

Sei nicht schnell mit deinem Munde
und lass dein Herz nicht eilen, zu reden vor Gott; denn Gott
ist im Himmel und du auf Erden. Darum lass deiner Worte
wenig sein.

# GEDANKENSPLITTER ÜBER WORTE

Wir können Gott nirgends anders suchen
als bei seinem Wort;
aber dieses Wort ist lebendig und
unerschöpflich, denn Gott selbst
lebt darin.
> Dietrich Bonhoeffer
> Deutscher Theologe
> 1906 bis 1945

Ein Wort verwundet leichter als es heilt.
> Johann Wolfgang von Goethe
> Deutscher Schriftsteller
> 1749 bis 1832

Wie du im Herzen bist, so zeigst du dich
in deinen Worten.
> Ruodlieb
> Mönch, um 1050

Eine scharfe Zunge ist das einzige
Schneidewerkzeug, das bei andauerndem
Gebrauch schärfer wird.
> Washington Irving
> US-amerikanischer Schriftsteller
> 1783 bis 1859

Man ist eigentlich nur lebendig, wenn man sich wohlwollender Worte anderer erfreut.

Johann Wolfgang von Goethe
Deutscher Schriftsteller
1749 bis 1832


Gottes lauteres Wort geht doch über alle Freuden, die die Erde sonst bieten kann.

Friedrich von Bodelschwingh
Deutscher Theologe und
Missionar
1831 bis 1910


In dem Augenblick, wo wir jemandem innerlich oder mit Worten Fehler vorwerfen, begehen wir oft selber Fehler.

Verfasser unbekannt


Ein gutes, liebes Wort ist immer ein Lichtstrahl, der von Seele zu Seele geht.

Hans Thoma
Deutscher Maler und Grafiker
1839 bis 1924


Eine linde Antwort stillt den Zorn, aber ein hartes Wort erregt Grimm.

Bibel, Sprüche 15,1

Alles, was du sagst, sollte wahr sein, aber nicht alles, was wahr ist, solltest du auch sagen.

Francois-Marie Voltaire
Französischer Philosoph und
Schriftsteller
1694 bis 1778


Botschaften werden vom Auge weitergegeben, manchmal ganz ohne Worte.

Anaïs Nin
Amerikanische Schriftstellerin
1903 bis 1977


Wer sich in seinen Worten nicht bescheidet, wird kaum das erfüllen, was er versprach.

Konfuzius
Chinesischer Philosoph
551 bis 479 v. u. Z.


Worte sind Währung, je wahrer, desto härter.

Reiner Kunze
Deutscher Dichter
der Gegenwart


Nicht nur Menschen begegnen einander, sondern auch Worte.

Anselm Grün
Benediktinerpater / Münster

Jeder Mensch sei schnell zum Hören, langsam zum Reden,
langsam zum Zorn.
    Bibel
    Jakobus 1,19


Das erste gute Wort, das du am Morgen sprichst, sei eine
Brücke in den jungen Tag.
    Irischer Segensspruch


Freundliche Reden sind Honigseim,
süß für die Seele,
heilsam für die Glieder.
    Bibel
    Sprüche 16,24



*Aus einem Poesiealbum*


Drei Dinge kommen nicht zurück:
        Das gesprochene Wort
        Der abgeschossene Pfeil
        Die versäumte Gelegenheit

Sprich nie zu viel und immer mit Bedacht!
Ein töricht Wort hat Unglück oft gebracht!

## NACHWORT

Staunen Sie mit mir!

Mögen Ihnen meine Eintragungen Schmunzeln und viel-
leicht auch ein wenig Aufhorchen schenken!

Eventuell sogar zur rechten Zeit das rechte WORT!

!

# AUS LIEBE ZUR LIEBE

Liebe?
Einfach vermessen, über Liebe schreiben zu wollen!
Ist nicht die Luft um uns herum erfüllt vom Schluchzen nach
Liebe, über die Liebe, von Liebe wie
    Liebeslust und Liebesleid,
    Liebessehnsucht und Liebesschmerz,
    Liebesglück, Liebesschmach,
    Liebesqual?

Nun aber bleiben Glaube, Liebe, Hoffnung, diese drei;
aber die Liebe ist die Größte unter ihnen.
    So steht es in der Bibel, von Paulus vor
    etwa 2000 Jahren in einem Brief an die
    Christen in Korinth geschrieben.

Nicht erst seit 2000 Jahren war Liebe ein interessantes
Thema, nein, das war sie gewiss, solange es Menschen gibt.

Zeugnisse aus allen Epochen in der Geschichte der Mensch-
heit belegen das, denken wir an die antiken Plastiken der grie-
chischen und römischen Kunst, an die Dramen, Tragödien
wie auch Komödien voller Liebesseufzer.
Und an die Musik – vom Volkslied über Oper, Operette,
Chanson bis hin zum Schlager.
Alles strotzt von Inhalten über die Liebe.

Liebe – facettenreich, voller unterschiedlichster Inhalte, er-
lebbar auf allen Ebenen menschlicher Wahrnehmung.

Schattierungen der Liebe:

  Gottesliebe,
  Eigenliebe,
  Nächstenliebe,
  Agape,
  Erotik,
  Sexualität,
  Tierliebe,
  Liebe zur Natur,
  Liebe zur Heimat.

Doch welche Art der Liebe auch – sie ist jedes Mal eine Form besonderer, unbeschreiblicher Energie, die den ganzen Menschen erfasst, durchströmt, umfließt, leise plätschernd oder lautstark brausend.

Wie aber können wir Menschen diesen Fluss von Liebe, diese geheimnisvolle Energie, in Gang setzen, wahrnehmen, anzapfen, in eine für uns angemessene Form gießen, wirksam werden lassen?
Jedes Mal, wenn auch nur ein Funken Liebe in uns aufflammt, wird unser Leben reicher.
Jeder möchte diesen Funken erhaschen, einfangen, festhalten für das ganze Leben!
Wie nur ist das möglich?
Liebesstrahlen wie Blitze erfassen, die in der Lage sind, Leere, Depressionen, Kränkungen aller Art aufzureißen und diese Quelle der Energie, der Liebe, zum Sprudeln zu bringen.
Wo finde ich sie?

## Wie nehme ich Liebe wahr?

Ein seltsamer, tiefer Blick trifft mich unvermutet.
Bernsteinfarbenes Gold, Ultramarinblau durchzuckt mein
ganzes Ich.
Liebesstrahlen begegnen sich!

Abend am Meer. Sonnenuntergang.
Farbspiele unvergleichlicher Schönheit.
Der Himmel öffnet sich.
Jede schäumende Welle – ein Liebesfunke,
mich tief beglückend!

Ein Grashalm in meiner Hand.
Zartgliedrig, diese Rispe.
Jeder kleinste Windhauch bringt sie zum Schwingen.
Ehrfurcht vor solch einem Wunderwerk Gottes.

Ein freundliches Wort.
Eine anerkennende Geste.
Ein liebevoller Blick.
Ein Lächeln mit Flügeln:
Und die Welt ist in Ordnung!

Silvesternacht auf der Terrasse.
Kaminfeuer in Gelb bis Orange.
Plätschernd das Wasser im nahen Flüsschen.
Countdown. Ein neues Jahr beginnt.
Bachs Air in vollen Tönen!
Zuversicht, Hoffnung, Liebe!

Ein heftiger Sturz.
Matratzengruft, monatelang.
Allmählich erwachen die Lebensgeister.
Nach Langem das erste Mal wieder unter Menschen.
Ich werde erkannt, wurde vermisst.
Ist das möglich nach all dem Dunkel?
Schleusen von Liebe und Glück!

Anstrengender Tag bei sengender Hitze.
Stockender Atem. Schwer die Füße.
Plötzlich ein frisches Lüftchen, das mich kosend umhüllt,
Erschwernisse wegspült, neue Lebensgefühle weckt.
Danke für diese Wohltat!.

Funkstille!
Zerbrochen die Verbindung zweier Menschen.
Eine Lebenslinie erstirbt.
Und dann … ein Brief.
Zweifel und Bangen.
Die Hoffnung siegt.
Trennendes, Schmerzliches – hinweg!
Der Strom der Liebe bricht sich eine neue Bahn, formt seinen
Lauf,
alle Hindernisse überwindend!

Balzzeit der Vögel!
Vogelsang, polyphon, in allen Tonlagen.
Die Brust öffnet sich, Gott zu loben!

Meine Linde vor dem Fenster.
Federzeichnung kahlen Geästs am
morgendlichen Januarhimmel.

Eine in Sekunden sich wandelnde Grafik.
Dunkle Wolken ziehen dahin.
Morgenlicht.
Streifen in Zartrosa, Violett bis hin zu einem kräftigen
Karminrot.
Welch ein Anblick!
Tiefes Erstaunen lässt mein Herz tanzen!


### GEDANKENSPLITTER ÜBER LIEBE


Alles, was man mit Liebe betrachtet, ist schön.
    Christian Morgenstern
    Deutscher Lyriker
    1871 bis1914


Wenn einem die Treue Spaß macht, dann ist es Liebe.
    Julie Andrews
    US-amerikanische Filmschauspielerin


Wahrheit ohne Liebe ist Lüge.
    Dietrich Bonhoeffer
    Deutscher Theologe
    1906 bis 1945

Ein Kompliment vermag es, meine Stimmung für Wochen aufzuhellen.

Mark Twain,
US-amerikanischer
Schriftsteller
1835 bis 1910


Die wirkliche Liebe beginnt, wo keine Gegengabe erwartet wird.

Antoine de Saint-Exupéry
Französischer Schriftsteller
1900 bis 1944


Nichts ist lebenswert ohne Liebe.

Dietrich Bonhoeffer
Deutscher Theologe
1906 bis 1945


Die Summe unseres Lebens sind die Stunden, in denen wir liebten.

Wilhelm Busch
Deutscher Zeichner,
Dichter
1832 bis 1908


Ein Lächeln ist oft das Wesentliche.

Antoine de Saint-Exupéry
Französischer Schriftsteller
1900 bis 1944

Es gibt keine größere Kraft als die Liebe.
Sie überwindet Hass wie das Licht die Finsternis.

  Martin Luther King
  US-amerikanischer
  Geistlicher
  1929 bis 1968


Wo keine Liebe, ist auch keine Wahrheit.
Nur der ist etwas, der etwas liebt.
Nichts sein und nichts lieben ist identisch.

  Ludwig Feuerbach
  Deutscher Philosoph
  1804 bis 1872


Immer ist die wichtigste Stunde die gegenwärtige.
Immer ist der wichtigste Mensch, der dir gerade
gegenübersteht.
Immer ist die wichtigste Tat die Liebe.

  Meister Eckhart
  Mystiker
  13 ./ 14. Jahrhundert


Liebe ist ein Glas, das zerbricht, wenn man es zu unsicher
oder zu fest fasst.

  Russisches
  Sprichwort

Die Lüge tötet die Liebe, aber die Aufrichtigkeit tötet sie erst recht.

Ernest Hemingway
US-amerikanischer
Schriftsteller
1899 bis 1961

Furcht ist nicht in der Liebe, sondern die vollkommene Liebe treibt die Furcht aus.

Johannes 1, 4,18
Evangelist, N.T.
Bibel

Die Versöhnung ist es, was die Liebe bewahrt und all ihre zarten Blüten.

Jeremias Gotthelf
Schriftsteller,
Schweiz
1797 bis 1854

Freundlichkeit ohne Liebe macht heuchlerisch.
Sachkenntnis ohne Liebe macht rechthaberisch.
Macht ohne Liebe macht grausam.
Glaube ohne Liebe macht fanatisch.

Laotse
Philosoph, China
Etwa 6. Jh. v. u. Z.

Lass die Liebe in deinem Herzen wurzeln, und es kann nur Gutes daraus hervorgehen.

Augustinus Aurelius
Römischer Kaiser, 2. Jh. als Philosoph: Mark Aurel


Gott segne, was dein Wille sucht,
was deine Liebe braucht, worauf deine
Hoffnung ruht.

Irischer Segensspruch


Lass dich nicht davon abbringen, was du unbedingt tun willst; wenn Liebe und Inspiration vorhanden sind, kann es nicht schief gehen.

Ella Fitzgerald
US-amerikanische
Jazzsängerin,
Dichterin
20. Jh.


Die allerdunkelsten Wege Gottes, die wir hier am wenigsten verstehen, werden einmal in der Ewigkeit im allerhellsten Licht seiner ewigen Liebe strahlen.

Friedrich v. Bodelschwingh
Theologe und Missionar
1831 bis 1910

## Zusammenfassende Worte über Liebe aus dem Bonhoeffer-Brevier, 1. Auflage, S. 275

Nichts, wirklich gar nichts ist lebenswert ohne Liebe; aller Sinn des Lebens ist erfüllt, wo Liebe ist.

Dieser Liebe gegenüber wird dann alles andere gleichgültig. Was heißt Glück und Unglück, was Armut und Reichtum, Ehre und Schande, Heimat und Fremde, was heißt Leben und Tod, wo Menschen in der Liebe leben? …

Die Liebe ist stark wie der Tod!

# ERMUTIGUNG ZUM MUT

**Nichts riskieren heißt,**
> seine Seele aufs Spiel setzen.
> Wer sein Leben verweigert,
> dessen Seele verkümmert.
> > Sören Kierkegaard
> > Dänischer Philosoph
> > 1813 bis 1855

Diese Worte stehen in meinem Tagebuch.
Etwas riskieren!
Wie wird das ausgehen?
Was könnte daraus werden?
Andererseits – Neugierde, Lust auf Unbekanntes! Doch –
Türen in Fremdartiges aufstoßen?
Was verbirgt sich dahinter?

Mir fehlt es an Unerschrockenheit.
Nur schön auf dem Teppich bleiben.
Was man hat, das hat man.
Der Spatz in der Hand ist besser
als die Taube auf dem Dach.

Derartige Sprüche sind mir geläufig.
Gar zu oft und gern halte ich mich daran.
Kierkegaards Warnung vor einem risikolosen Leben fiel mir
hin und wieder in den Blick.

Früher las ich viel über den dänischen Philosophen, sodass ich auch einiges über sein Privatleben weiß.

Wenn mir seine Aufforderung zum Risiko gar zu lästig wurde, erinnerte ich mich daran, dass dieser Mann jahrelang mit einer jungen Frau verlobt war, ohne den Mut zu haben, sie dann zu heiraten.

Philosophen sind eben auch nur Menschen!

### GEDANKENSPLITTER ÜBER MUT

Ich weiß nicht, ob es besser wird, wenn es anders wird. Aber es muss anders werden, wenn es besser werden soll.
Georg Christoph Lichtenberg
Schriftsteller, Kunstkritiker
1742 bis 1799

Mut steht am Anfang des Handelns, Glück am Ende.
Demokrit
Griechischer Philosoph
Etwa 460 bis 370 v. u. Z.

Man kann eine Grenze nicht erkennen, wenn man sie nicht überschreitet.
Heinrich Böll
Deutscher Schriftsteller
1917 bis 1985

Mut – zum Teil Mangel an Phantasie.
    Stefan Zweig
    Schriftsteller, Österreich
    1881 bis 1942


Wer nichts wagt, der darf nichts hoffen.
    Friedrich Schiller
    Deutscher Dichter
    1759 bis 1805


Wer seinen eigenen Weg geht, riskiert immer Widerspruch.
Die Schablone gilt.
Aber man muss es eben riskieren.
Wer nicht wagt, gewinnt nicht.
    Theodor Fontane
    Deutscher Schriftsteller
    1819 bis 1898


Es ist besser, auf einem neuen Weg zu stolpern als auf der
Stelle zu treten.
    Chinesische Weisheit


Gewohnheiten machen alt. Jung bleibt man durch die Bereitschaft zum Wechsel.
    Attila Hörbiger
    Schauspieler, Österreich
    1896 bis 1987

Wenn man sich zum Mut zwingt, kommt er schließlich doch von selbst.

Franziska Gräfin zu Reventlow
Schriftstellerin, Malerin
1871 bis 1918


Normalität ist eine gepflasterte Straße.
Man kann gut darauf gehen, doch es
wachsen keine Blumen auf ihr.

Vincent van Gogh
Niederländischer Maler
1853 bis 1890


Man muss etwas Neues machen, um etwas Neues zu sehen.

Georg Christoph Lichtenberg
Schriftsteller, Kunstkritiker
1742 bis 1799


Das Schwierigste im Leben ist es, zu lernen, welche Brücke man überquert und welche man hinter sich abbricht.

Bertrand Earl of Russel
Englischer Logiker, Philosoph
1872 bis 1970


Wer an der Küste bleibt, kann keine Ozeane entdecken.
Fernando de Magellan

Portugiesischer Seefahrer
1480 bis 1521

Fang nie an aufzuhören!
Hör nie auf anzufangen!
  Marcus Tullius Cicero
  Römischer Geschichtsschreiber
  106 bis 43 v.u .Z.


Ohne Anstrengung und ohne Bereitschaft,
ohne Schmerz und Angst zu durchleben,
kann niemand wachsen.
  Erich Fromm
  US-amerikanischer Psychoanalytiker
  1900 bis 1980


Wer nichts getan hat, ist niemand.
  Jean-Paul Sartre
  Französischer Schriftsteller
  1905 bis 1980


Öffne der Veränderung deine Arme, aber verlier dabei deine
Werte nicht aus den Augen.
  Dalai-Lama
  Oberhaupt des Lamaismus
  Schutzheiliger von Tibet


Mut, Humor und Lebensfreude sind nach wie vor die schöns-
ten Kontrastfarben gegen das Grau der Welt.
  KarlHeinz Karius
  Gründer: Verlag Worthupfer
  20. / 21. Jahrhundert

Mehr Mut erfordert, seine Meinung zu ändern, als an ihr festzuhalten.
Christian Friedrich Hebbel
Deutscher Dramatiker
1813 bis 1863


Wenn man neutral ist, ist man nur Beiwerk.
Christiane Amanpour
Französische Schriftstellerin
20. / 21. Jahrhundert


Der Himmel hilft niemals denen, die nicht handeln wollen.
Sophokles
Griechischer Tragödiendichter
496 bis 406 v.u. Z.


Das Geheimnis des Glücks ist die Freiheit.
Das Geheimnis der Freiheit ist der Mut.
Perikles
Athener Politiker
494 bis 429 v. u. Z.

Was reizte mich, Gedanken über Mut in meinem Tagebuch zu notieren?

Defizite an Ermutigung?

Angst vor der Zukunft?

Erstaunen darüber, dass Menschen verschiedenster Zeitepochen Ähnliches durchlebten und davon Zeugnis gaben und gewiss viele Menschen ermutigten, etwas zu riskieren?

Allein die Aussage von Perikles

»Das Geheimnis der Freiheit ist der Mut« beinhaltet ein riesiges Potenzial, das zum Handeln anregt.

Es stellt sich freilich die Frage, in welche Richtung dieses Handeln geht!

Doch darüber könnte ein neues Buch geschrieben werden!

# GEDANKENSPLITTER

Seit Jahrzehnten führe ich völlig spontan Tagebuch.
Beim Durchlesen fiel mir auf, dass
  »Worte«, »Liebe«, »Mut« gehäuft erscheinen.
So ist dieses Büchlein ein Auszug aus meinen Aufzeichnungen.